在你里面的圣灵

在你里面的圣灵

The Holy Spirit in You

叶光明国际事工版权 © 2017

叶光明事工亚太地区出版
PO Box 2029, Christchurch, New Zealand 8140
admin@dpm.co.nz

叶光明事工出版

版权所有

DPM11

ISBN: 978-1-78263-660-1

目 录

一、五旬节之前

我们从《圣经》获得的知识，是无法从其他的书本获得的。《圣经》中有一个至关重要的启示，就是神的位格。《圣经》揭示了一个不可能从别处得到的奥秘：神是独一的，也是三位一体的神。《圣经》所启示的这三位是圣父、圣子和圣灵。以下我要讨论的是圣灵。

在整本《圣经》中，有一个最深奥并且与众不同的启示就是"圣灵和圣灵的工作"。我们需要明白，圣灵如圣父与圣子一样，是有位格的。从人的观点来看，我们比较容易明白圣父和圣子是有位格的，却不太容易明白圣灵也是有位格的。

借着圣灵，神知晓一切。没有任何事情是可以隐瞒神的；也通过圣灵，神可以同时在各处出现。这两种特征，就是无所不知和无所不在。《圣经》中有很多地方揭示了这点。例如，耶利米书23章23-24节：

> 耶和华说："我岂为近处的神呢？不也为远处的神吗？耶和华说："人岂能在隐密处藏身，使我看不见他呢？"耶和华说："我岂不充满天地吗？"

神充满天与地，无处不被神所充满。没有任何一件事情的发生，是神所不知道的。诗篇 139 篇详细地揭示了这个美好的事实：

> 耶和华啊，你已经鉴察我，认识我。我坐下，我起来，你都晓得；你从远处知道我的意念。我行路，我躺卧，你都细察，你也深知我一切所行的。

> 耶和华啊，我舌头上的话，你没有一句不知道的。你在我前后环绕我，按手在我身上。这样的知识奇妙，是我不能测的；至高，是我不能及的。

> 我往哪里去躲避你的灵？我往哪里逃，躲避你的面？我若升到天上，你在那里；我若在阴间下榻，你也在那里。

> 我若展开清晨的翅膀，飞到海极居住，就是在那里，你的手必引导我；你的右手也必扶持我。

> 我若说，黑暗必定遮蔽我，我周围的亮光必成为黑夜；黑暗也不能遮蔽我，使你不见，黑夜却如白昼发亮。黑暗和光明，在你看都是一样。

作者描绘了神伟大的智慧。神的存在彰显于整个宇宙，没有一处是可以逃避神眼目的；没有任何距离可以使你与祂分开；黑暗也无法将你隐藏。神是无所不在的，祂充满整个宇宙，知道每一个地方发生的任何事情。

第 7 节是关键性的一节，诗篇作者说："**我往哪里去躲避你的灵？我往哪里逃，躲避你的面？**"这是典型的希伯来诗歌，这两句话其实是讲同一件事情。神借着圣灵显现在整个宇宙中——借着圣灵，神无所不在；并且祂随时知道宇宙中发生的任何事情。

从创世的那一刻起，圣灵就在这个宇宙运行了。诗篇作者告诉我们关于创造的真实过程：

诸天借耶和华的命而造，万象借他口中的气而成。

诗篇 33 篇 6 节

在这段经文中，"气"这个字在希伯来文中的意思是"灵"，本节也可译为："**诸天借耶和华的命而造，万象借他口中的〔灵〕而成。**"换句话说，创造宇宙的两大媒介，是主口中所出的话语和主的灵，就是圣灵。如果我们把《圣经》翻到描写创造的部分，就会看到有关这点的更多细节。

创世记 1 章 2-3 节：

地是空虚混沌，渊面黑暗，神的灵运行在水面上。神说，要有光，就有了光。

神的灵已经存在于空虚混沌、渊面黑暗之中。"运行"这一词使人想起鸟类的飞行，《圣经》常常描写圣灵仿佛鸽子；这里似乎可以看见圣灵像鸽子，飞行在黑暗、空虚混沌的水面上。

第 3 节说："**神说，要有光，就有了光。**"这节经文再一次让我们看到神的灵和神的话语是创世的两大媒介。当两者结合在一起时，创世就成了。当神的灵和神的话语都存在时，就有一种新的东西——光被造出来。神的话语和灵，使世界有了光。圣灵从创世之初就在宇宙中工作，祂也显现于宇宙各地。从另一个角度来看，圣灵是神既活跃又有功效的代表。

在《旧约》中有许多例子，看见圣灵加力量给神的子民。以下就举几处为例：

第一个是比撒列，他为摩西会幕设计和制造了约柜及会幕中一切器具。看看耶和华在出埃及记 31 章 2-3 节是如何说的：

> **看哪，犹大支派中，户珥的孙子，乌利的儿子比撒列，我已经提他的名召他。我也以我的灵充满了他，使他有智慧，有聪明，有知识，能做各样的工。**

是神的灵充满了比撒列，使他有能力做出各样独特又精巧的工艺。比撒列是《圣经》记载首位被神的灵充满的人。圣灵的充满，使比撒列拥有精巧的手艺。这手艺是极有价值的。

在申命记 34 章 9 节，我们看到约书亚的故事：

> **嫩的儿子约书亚；因为摩西曾按手在他头上，就被智慧的灵充满，以色列人便听从他，照着耶和华吩咐摩西的行了。**

约书亚是以色列军队的领袖，带领以色列人征服了应许之地，他之所以能成就这一切，是因为他被神的灵充满。

在士师记 6 章 34 节，我们看到基甸的故事：

耶和华的灵降在基甸身上，他就吹角；亚比以谢族都聚集跟随他。

主的灵降在基甸身上，使他成为满有能力的领袖。在这之前，他是一个胆怯、畏缩在酒醡旁的年轻人，根本不可能作出任何具有果效、有影响力的事情。但是，当神的灵降临到基甸身上之后，他就改变了。

接着，我们可以看到大卫——以色列历史上最伟大的君王和诗人——在撒母耳记下 23 章 1-2 节所说的话：

……耶西的儿子大卫得居高位，是雅各神所膏的，作以色列的美歌者说：耶和华的灵藉着我说，他的话在我口中。

大卫能够写出那么美的诗篇，是因为"**耶和华的灵藉着我（大卫）说，他的话在我（大卫）口中**"。能力是来自神的灵与神的话。

在彼得后书 1 章 21 节，彼得总结了旧约时代的先知工作，他说：

因为预言从来没有出于人意的，乃是人被圣灵感动，说出神的话来。

每一位从神那里领受预言的先知，都不是出于自己的思想或是理性，而是圣灵的加添力量，感动他说出的。他所说的不是人的意思，而是从神而来的。

若继续看《圣经》中的其他例子，就可以得到一个结论：《旧约》中每个真正事奉神的仆人，都是蒙圣灵感动和赐予能力的。这肯定是我们应当学习的功课。

二、耶稣身上的圣灵

我们接着要看圣灵在耶稣的侍奉与教导方面所扮演的角色。首先，为耶稣预备道路的施洗约翰，称耶稣为"那一位以圣灵施洗的"。

我是用水给你们施洗，叫你们悔改；但那在我以后来的，能力比我更大，我就是给他提鞋也不配，他要用圣灵与火给你们施洗。

马太福音 3 章 11 节

注意耶稣与众不同的地方："**他要用圣灵与火给你们施洗。**"四福音书都记载了耶稣以圣灵施洗的使命，可见《圣经》特别重视这一点。

我们也发现，圣灵是耶稣事奉能力的唯一源头。施洗约翰在约旦河为耶稣施洗，圣灵降在耶稣身上之前，祂没有传道或行任何一件神迹。祂在等待圣灵的降临。

在使徒行传 10 章 38 节，彼得向哥尼流家所聚集的众人描述耶稣的事奉：

神怎样以圣灵和能力膏拿撒勒人耶稣，这都是你们知道的。他周流四方，行善事，医好凡被魔鬼压制的人，因为神与他同在。

耶稣在世上事奉的能力来自圣灵。《圣经》所启示的神是三位一体的，既父、子和灵。在这一节中，这三个位格都提到了。圣父（神）以圣灵膏抹圣子（耶稣）。三位一体的神，在世上工作的一个领域就是医治。**"他周流四方，行善事，医好凡被魔鬼压制的人。"** 这就是耶稣服侍的秘诀和来源。

即使耶稣复活后，祂仍然依靠圣灵。这是一个引人注目的事实，在使徒行传 1 章 1-2 节，路加写了下面的开场白：

> **提阿非罗啊，我已经作了前书，论到耶稣开头一切所行所教训的，直到他藉着圣灵吩咐所拣选的使徒，以后被接上升的日为止。**

耶稣在复活与升天之间的四十天，藉着圣灵指示门徒。祂是我们依靠圣灵的典范。圣子靠圣灵的能力来行神迹和教导，祂所做的都与圣灵有关。耶稣依靠圣灵，我们也当照着祂的榜样依靠圣灵。

耶稣不但自己依靠圣灵的能力，祂也应许门徒必会领受赐祂能力的圣灵。在约翰福音 7 章 37-39 节，我们读到：

> **节期的末日，就是最大之日，耶稣站着高声说：人若渴了，可以到我这里来喝。信我的人就如经上所说：从他腹中要流出活水的江河来。耶稣这话是指着信他之人要受圣灵说**

的。那时还没有赐下圣灵来，因为耶稣尚未得着荣耀。

这是一个极强烈的对比。我们先看到一个口渴的人："**人若渴了**。"然后，藉着圣灵的降临和充满，这原本口渴的人，成为"**流出活水江河**"的管道。他不再有其他的需要，反而藉着圣灵供应别人的需要。对每位信徒来说，圣灵是无限的资源。

虽然，约翰福音 7 章 39 节的应许是耶稣在世时所说的，却要等到耶稣得着荣耀后才成就。他说："**那时还没有赐下圣灵来；因为耶稣尚未得着荣耀**"。

在约翰福音 14 章 15-18 节，耶稣对祂的门徒说：

> 你们若爱我,就必遵守我的命令。我要求父,父就另外赐给你们一位保惠师，叫他永远与你们同在，就是真理的圣灵，乃世人不能接受的；因为不见他，也不认识他。你们却认识他，因他常与你们同在，也要在你们里面。我必不撇下你们为孤儿，我必到你们这里来。

有几处重点值得我们注意。

第一，耶稣说："**我父………就另外赐给你们一位保惠师**。"这里"**另外**"是指什么呢？耶稣与门徒相处，已经有三年半的时间。祂说："现在,人子将要离开你们。但是，我去了，另一位——圣灵——会来取代我。"

第二，在第 17 节中，耶稣所指的保惠师，也是安慰者。希腊文是指"派来在旁边帮助的"，也就是"帮助者"的意思；圣灵还有另外一个意思是"辅导者"。

第三，耶稣继续向门徒指出圣灵会永远与他们同在。这与祂自己和门徒的关系之间形成一个强烈的对比。祂说"我和你们在一起三年半的时间。我现在将要离去，你们肯定非常伤心。会觉得孤独和无助，但是我会差来一位帮助者——圣灵。祂来了，就永远不会离开你们，永远与你们同在。"然后，祂说：**"我必不撇下你们为孤儿，我必到你们这里来。"**这些话的意思就是说，如果没有圣灵，门徒就会像孤儿一样被遗弃，没有人来指导和帮助他们。但是藉着圣灵，一切的需要都已经预备妥当。

耶稣继续在约翰福音 16 章 7 节谈到这个话题：

然而，我将真情告诉你们，我去是与你们有益的；我若不去，保惠师就不到你们这里来；我若去，就差他来。

耶稣将离去，但另一位（圣灵）会来取代耶稣。在约翰福音 16 章 12-15 节，耶稣又重复这个极重要的话题：

我还有好些事要告诉你们，但你们现在担当
不了。只等真理的圣灵来了，他要引导你们
明白一切的真理；因为他不是凭自己说的，
乃是把他所听见的都说出来，并要把将来的
事告诉你们。他要荣耀我，因为他要将受于
我的告诉你们。凡父所有的，都是我的；所
以我说，他要将受于我的告诉你们。

既然这个应许已经成就，圣灵现在就是神在
地上的代表。祂是圣父和圣子的译者、启示者和
执行者。耶稣说："祂要将受于我的，告诉你们。"
祂进一步说明："父所有的，都是我的，就是圣灵
所受于我的。"

所有属于天父的，圣灵都有。圣灵是那位从
神来的传译者、启示者和执行者——所有的奥秘
都被圣灵一一诠释和揭开了。

三、五旬节所发生的事

施洗约翰把耶稣称作"用圣灵施洗的人"。首先，说祂是用圣灵施洗的，这是他特别对以色列人的介绍。第二，圣灵是耶稣整个事奉和教导的源头；耶稣完全依靠圣灵。第三，耶稣应许门徒，当祂升天后，会差圣灵代替祂的工作。圣灵将作祂个人的代表，成为门徒的辅导、安慰和帮助，是随时随地都能帮助他们的那一位。

我们现在来看看耶稣这个应许的实现。我们特别要查考圣灵在五旬节那天降下时所发生的事。就像《圣经》中许多其他应许一样，这个圣灵的应许并不完全以一个单一的事件来完成，而是分阶段完成的。第一个阶段发生在我们所称的复活节，也就是耶稣复活的那天。在约翰福音20章19-22节，我们看到：

> 那日（就是第七日的第一日）晚上，门徒所在的地方，因怕犹太人，门都关了。耶稣来，站在当中，对他们说："愿你们平安！"说了这话，就把手和肋旁指给他们看。门徒看见主。就喜乐了。耶稣又对他们说："愿你们平安！父怎样差遣了我，我也照样差遣你们。"说了这话，就向他们吹一口气，说"你们受圣灵。"

第 22 节揭示了一个重要的事实。希腊文中"灵"一词是 pneuma，有"气"，或者"风"的意思。这个对他们吹气的动作与耶稣所说的"你们受圣灵"有关。

我相信，这是神整个救赎计划施行过程中最关键和决定性的阶段之一。这紧要关头发生了什么？首先，在那一刻，第一批门徒进入我们称为新约的救恩时期。在罗马书 10 章 9 节，保罗向我们阐明了救恩的基本要求。

你若口里认耶稣为主，心里信神叫他从死里复活，就必得救。

约翰福音 20 章 19-22 节是门徒首次真正相信，神使耶稣从死里复活的一刻。在那之前，他们不能进入新约所提供的救恩。他们承认耶稣为他们的主，并确信神让祂从死里复活的那一刻，他们就因新约的救恩而得救了。

所发生的第二件事是门徒焕然一新——重生了；他们成为新的受造物。每个人都借着神吹进的气脱离旧人，进入新人。为了明白这点，我们必须回去看看创世记 2 章 7 节所描写人最初的被造：

耶和华神用地上的尘土造人，将生气吹在他的鼻孔里，他就成了有灵的活人。

当神把生气（生命的灵，或圣灵）吹进那用尘土所造之物，就造成了第一个人。从神吹进的这股气——圣灵——把那块泥土变成了有灵的活人。然而，保罗在哥林多后书 5 章 17 节描述新造的人说：**"若有人在基督里，他就是新造的人。"** 这第一个受造物与新的受造物之间有直接的相似之处。

论到新造的人，耶稣是复活的主和救主；祂战胜了罪、死亡、地狱和撒旦。祂完成这一切之后，就向门徒们显现，向他们里面吹进了复活的生命。这是一个全新的生命，是胜过一切邪恶、死亡和罪的生命。借着这个经历，门徒们脱离了旧的次序，进入了新约的救恩，在基督里成为新造的人，借着耶稣得到复活的生命气息。

然而，你需要明白的是，就算是在耶稣复活之后，圣灵的应许还没有完全实现。耶稣复活之后对门徒说：

我要将我父所应许的降在你们身上，你们要在城里等候，直到你们领受从上头来的能力。

路加福音 24 章 49 节

更确切地说，就在耶稣复活 40 天之后，祂在即将升天之前给了门徒更具体的信息：**"约翰是用水施洗，但不多几日，你们要受圣灵的洗。"**（使徒行传 1:5）

我们借此就可以看到，耶稣复活那日并不是应许完全实现的时刻。几乎所有的神学家和研究《圣经》的学者，都同意使徒行传 2 章 1-4 节所描写的是在五旬节那天最终完全实现了。

五旬节到了，门徒都聚集在一处。忽然，从天上有响声下来，好像一阵大风吹过，充满了他们所坐的屋子，又有舌头如火焰显现出来，分开落在他们个人头上。他们就都被圣灵充满，按着圣灵所赐的口才说起别国的话来。

五旬节是应许的真正彰显和实现。圣灵从天而降，成为有位格、像强而有力的风，充满每一个人。祂也赐给门徒一种新的、超然的语言，是他们所没有学过的。

在使徒行传 2 章结尾，彼得对所发生的这个现象作了神学的性的解释：

这耶稣，神已经叫他复活了，我们都为这事作见证。他既被神的右手高举，又从父受了所应许的圣灵，就把你们所看见的所听见的，浇灌下来。

父、子和圣灵又一次一起出现在这节经文里。圣子耶稣从父接受了圣灵，将圣灵浇灌到在耶路撒冷楼上等候的门徒身上。那时，圣灵降临的应许终于应验了。圣灵被父和子一同从天上赐下，降在耶路撒冷楼上等候的门徒当中。

请注意，在这个时候，耶稣不仅仅是复活，而且是已经被神高举得到荣耀了。也要记得，在约翰福音 7 章 39 节，约翰已经指出要等到耶稣得荣耀之后，圣灵的应许才会实现。

这是两个多么具有戏剧性而又奇妙的主日啊。首先是复活主日，有基督复活和吹入的圣灵，然后就是五旬节主日，有荣耀的耶稣和浇灌的圣灵。要记住，即使在今天，这些都是信徒的榜样。

复活节 – 复活的基督 – 吹入的圣灵
五旬节 – 荣耀的基督 – 浇灌的圣灵

我们现在来总结一下刚刚探讨的这两件具有永久重大意义的事件。在五旬节那天，圣灵降临在世，祂是有位格的。祂现在是神在世上的长驻代表和个人代表。看起来，神只容许一位来代表祂住在地上。但是当耶稣离开之后，祂差遣了保惠师与祂的门徒永远同在，不只是短短的几年，而是永远。这个应许在五旬节那天应验了。耶稣——神的儿子——回到了天父那里，圣灵取代了耶稣在地上的位置。

现在圣灵住在哪里呢？

有两个答案：第一，祂住在教会里，在基督的肢体里。保罗在信中问哥林多教会一个问题：

岂不知你们是神的殿，神的灵住在你们里头吗？

这里，保罗是在说圣灵全体性的居所。

第二，哥林多前书 6 章 19 节，保罗揭示出圣灵不仅居住在基督的肢体中，神的计划也让我们每个信徒的身体成为圣灵的居所。

> "岂不知你们的身子就是圣灵的殿吗？这圣灵是从神而来，住在你们里头的，并且你们不是自己的人。"

那是《圣经》中最令人震惊的声明！倘若我们是耶稣基督的信徒，我们的身子就是圣灵的居所。

四、与我们同在的帮助者

圣灵成为我们的辅导、我们的安慰和我们的帮助，这是什么意思呢？我们要从约翰福音 14 章中，耶稣提到的这个特别应许的经文来开始看。

> 我要求父，父就另外赐给你们一位保惠师，叫他永远与你们同在。就是真理的圣灵，乃世人不能接受的；因为不见他，也不认识他。你们却认识他，因他常与你们同在，也要在你们里面。我必不撇下你们为孤儿，我必到你们这里来。

圣灵是我们的"帮助者"，这在希腊文的原意中也可以形容那"能帮助你做到一些你无法凭己力完成的事。"的人。这个词在希腊文的《圣经》中也出现在约翰一书 2 章 1 节：

> 我小子们哪，我将这些话写给你们，是要叫你们不犯罪。若有人犯罪，在父那里我们有一位中保，就是那义者耶稣基督。

在这里被翻译成"中保"的这个词是"帮助者"的词根。在拉丁语中接近"为我们辩护的人"，好像一个律师。我们都知道现今社会中，辩护者、代理人或律师的角色是什么。

《圣经》告诉我们一个奇妙的真理，那就是我们有两位辩护者。在世上，圣灵为我们所努力的目标祈求。我们所不能够明白的事情，圣灵为我们翻译、解释。在天上，耶稣是我们在天父面前的辩护者，祂为我们的方向祈求。试想，我们拥有宇宙间两位最伟大的辩护者。我们有圣子耶稣基督，在圣父的右边；还有圣灵在我们里面。拥有两位辩护者，我们能不胜诉吗？

让我们更深入地来看耶稣所提到的辩护者——保惠师——我们的律师、安慰者、咨询者和帮助者。我会针对耶稣在约翰福音14章16-18节所说的，表达一些我个人的看法。

"**父就另外赐给你们一位保惠师。**"我们必须明白"另外"这个词的重要性，它其实是指另一位有位格的。耶稣说："我是道成肉身的神，我有位格。我将离去。当我离开以后，另一位会成为你们的帮助者。我在地上已经帮助过你们，但是现在我要离开了，然而你们不会被遗弃，会有另一位帮助者要来。"

"**祂永远与你们同在。**"耶稣说，"我已经和你们在一起三年半了，现在我要离你们而去，但是别伤心，因为我会派一位来替代我的，祂永远都不会离开你们，祂永远与你们同在。"

"**因他常与你们同在，也要在你们里面。**""在你们里面"这句话非常重要，这一位"辩护者或安慰者"将要住在我们里面，我们要成为祂的居所。

"我不撇下你们为孤儿。"意思就是，如果耶稣离开后，没有另作预备的话，那门徒们就真的像孤儿一样，没有人关心、帮助他们或者向他们解释一些事情。

"我必到你们这里来。"这是非常重要的，基督借着圣灵来到信徒身边。耶稣在世为人时，祂同一时间只能出现在一个地方。在某一时刻，祂可以和彼得、约翰或者抹大拉的马利亚交谈，但祂不能同时和他们三人在不同的地方有不同的对话，祂受时间和空间的限制。现在，借着圣灵，祂就不再受时间和空间的限制。祂可以出现在澳大利亚，同那里有需要的神的儿女谈话；同时，祂也可以出现在美国膏抹一个传道人；或出现在非洲的沙漠或丛林里某个地方，坚固或医治一个宣教士。祂回来了，而且不再受时间和空间的限制。

我想对这个交换位格的话题再深入一点——一位离去，另一位来。约翰福音 16 章 5-7 节，耶稣说：

> 现今我往差我来的父那里去，你们中间并没有人问我："你往哪里去？"只因我将这事告诉你们，你们就满心忧愁。然而，我将真情告诉你们，我去是与你们有益的；我若不去，保惠师就不到你们这里来，我若去，就差他来。

这已经说得非常明确了，耶稣是说"只要我的肉身还在地上，圣灵就得留在天上。但是如果我回到天上，我就会差另一位保惠师——圣灵取代我"。这是神位格的交替。曾经有一个阶段，圣子以人的形象活在世上，然后祂完成使命回到天家。祂的位置由圣灵（神的另一位格）来取代，并且完成耶稣所开始的工作。

耶稣说："**我去是与你们有益的。**"这是令人惊讶的声明。圣灵和我们同在世上而耶稣在天上，会好过耶稣和我们同在世上而圣灵在天上的情形。很少有人能够认识到这一点。很多基督徒总是说："如果我能生活在耶稣在地上的那个时代就好了。"但是，耶稣说："你们现在其实是更好的。**有我在天上，圣灵在地上，你比那些当初同我在地上的人更好。**"

让我根据第一批门徒本身的经历来解释，圣灵降临以后，立即产生三个结果：

第一，他们比当初耶稣在世时更加理解神的计划和耶稣的使命。在这之前，他们领悟得很慢，也很受限制，这是很显然的事实。然而，圣灵降临的那一刻，他们对耶稣的使命与信息有了完全不同的领悟。

第二，他们变得十分勇敢。就算是在耶稣复活以后，他们因为害怕犹太人，仍然是在锁着的房间里聚会祷告。他们当时并不敢站出来传讲真理，他们还没有装备好。然而，就在圣灵降临的那一刻，他们改变了。彼得直言不讳地向耶路撒冷的犹太人传讲耶稣的整个故事，并且指明他们应该对耶稣的受难感到内疚（见使徒行传 2:22-36）。

第三，门徒们有了超自然的见证。圣灵降临时，神迹就开始出现。总而言之，这就好像耶稣回来与门徒们同在一起。耶稣说："当圣灵降临，我必在祂里面回到你们这里来。我将会与你们同在。我必不撇下你们为孤儿。"

五、神话语的启示

圣灵帮助我们，安慰我们，并以很多特殊的方式来满足我们的需要，我们能想到的第一个方式就是神的话。圣灵是神话语的启示者和解释者，在约翰福音 14 章 25-26 节，耶稣对他的门徒说：

我还与你们同住的时候，已将这些话对你们说了。但保惠师，就是父因我的名所要差来的圣灵，他要将一切的事指教你们，并且要叫你们想起我对你们所说的一切话。

第 26 节所提到的圣灵的两个功能非常重要：祂是要提醒你们，指教你们。祂要叫门徒想起耶稣所教导他们的一切。我相信这也表示《新约》的记录，并不受使徒们的记忆所约束，而是因圣灵感动写成的。使徒们也许不能完全记得一些事情，但是圣灵会帮助他们想起那些需要想起的事情。

不管怎么说，圣灵不仅仅记得过去发生的事，祂也知道未来。祂教导门徒所需要了解的一切，这对我们今天来说也是一样。圣灵是我们目前在地上的教师，耶稣在地上时曾是最伟大的教师，现在耶稣把这个责任交给了圣灵——耶稣个人的代表。我们所需要知道关于神话语的一切事，圣灵都会指示我们。

在这种情况下，那些门徒们就像旧约里的先知一样。关于先知，彼得在彼得后书 1 章 21 节写到：

因为预言从来没有出于人意的，乃是人被圣灵感动，说出神的话来。

旧约众先知的准确性和权柄是因为圣灵自己，圣灵对于祂所赐给先知们的话负责；圣灵感动先知们，一直带领他们；《新约》的写作过程也是如此。耶稣清楚表明，圣灵会教导门徒们一切他们仍然不知道的事，圣灵是整本《圣经》的作者，包括《旧约》和《新约》。保罗在提摩太后书 3 章 16 节清楚地说明了这点：

圣经都是神所默示的，于教训，督责，使人归正，教导人学义都是有益的。

新美国标准版《圣经》用"启示"这个词，"启示"和"神吹气"表示圣灵的活动，是圣灵将所有经文吹进人的脑海，并通过人写下《圣经》。

神对我们完美的供应使我心喜乐。圣灵是《圣经》的作者，也是我们个人的《圣经》老师。因此，《圣经》作者亲自成为这本书的解释者。谁能比写书的人能更好地给你解释这本书呢？我自己写超过二十多本书。有些时候，我听到别人来讲解我的书，他们通常做得还不错，但是我总是想"你应该加上这点，"或者"这一点你没有理解对。"在这种情况下,《圣经》的作者——圣灵也是讲解者,祂不会有错误的理解;祂对《圣经》的理解是完全正确的。如果我们能听圣灵的声音,接受从祂来的,那我们就会知道经文的真正意思是什么。

五旬节圣灵降临所带来的结果就是对经文的启示。当圣灵降下的时候,不信的人说:"他们都醉了!"但是彼得反驳道:

你们想这些人是醉了;其实不是醉了,因为时候刚到巳初。这正是先知约珥所说的。

使徒行传 2 章 15-16 节

在那之前,彼得对约珥的预言并不明白。事实上,他甚至对耶稣教导的理解也非常有限。但是,当圣灵降下的那一刻,他就对《圣经》有了一个全新的认识,因为《圣经》的作者在给彼得解释。

使徒保罗也是一样。他以前曾经逼迫教会,拒绝承认耶稣。使徒行传 9 章 17 节写到:

亚拿尼亚就去了,进入那家,把手按在扫罗身上,说:"兄弟扫罗,在你来的路上向你显现的主,就是耶稣,打发我来,叫你能看见,又被圣灵充满。"

保罗紧接着就开始在犹太会堂传讲耶稣是神的儿子,那正是他以前一直否认的事实。当圣灵降在保罗身上的时候，他对《圣经》的领悟完全不同了。就好比从黑暗进到光明一般，这个不是循序渐进的，保罗几乎是立刻就转变了。这是因为《圣经》的教师和作者（圣灵）在保罗的身上。

论到圣灵是神的道的解释者和启示者，我们需要记住，不仅《圣经》是神的道，耶稣本人也被称为神的道。约翰福音1章1节，我们看到耶稣：

太初有道，道与神同在，道就是神。

耶稣在这节经文有三次被称为"道"，约翰福音1章14节说：

道成了肉身，住在我们中间，充充满满地有恩典，有真理。我们也见过他的荣光，正是父独生子的荣光。

《圣经》是已经写下来的神的道，耶稣自己也是神的道。当然，奇妙的事，是这两者之间完全没有冲突。

圣灵不仅启示和解释《圣经》，祂同样向人启示并解释道成肉身的耶稣。下面是耶稣所讲的有关圣灵的事：

我还有好些事要告诉你们，但你们现在担当不了。只等真理的圣灵来了，他要引导你们明白一切的真理；因为他不是凭自己说的，乃是把他所听见的都说出来，并要把将来的事告诉你们。他要荣耀我，因为他要将受于

我的告诉你们。凡父所有的，都是我的；所以我说，他要将受于我的告诉你们。

约翰福音 16 章 12-15 节

12 节说，耶稣还没有将好些事情告诉门徒，是因为祂相信圣灵，并且祂知道圣灵会来。然后，祂就解释圣灵来将会做什么。

圣灵把耶稣所知道的告诉我们，让我们知道。圣灵为我们荣耀耶稣，祂向我们启示了耶稣的荣耀。圣灵向我们揭示了耶稣属性、品格和使命的每个层面。

非常有趣的是，自从圣灵在五旬节那天降临在门徒身上之后，门徒们就不再怀疑耶稣的所在，他们知道耶稣已经荣耀地坐在神的右边。圣灵为门徒荣耀耶稣，祂知道所有基督的事，包括经文中的、他们记忆中的，以及他们与耶稣谈话中的事，祂将所有这些有关基督的事都启示给门徒。

圣灵启示并且荣耀耶稣，祂同时也掌管父和子的所有财富，因为父所有的都赐给子了；并且子所有的，圣灵也掌管。换句话说，神所有的财富都被圣灵所掌管。圣灵是我们的管理者，而神所有的财富都归圣灵处置，我们就不用担心会成为孤儿。

六、提升到超自然层面

圣灵降临后的另一个主要结果，是我们被提升到一个超自然的生命层面。希伯来书有两节非常有趣的经文描绘了新约标准的基督徒：

> 论到那些已经蒙了光照，尝过天恩的滋味，又于圣灵有份，并尝过神善道的滋味，觉悟来世权能的人，

希伯来书 6 章 4-5 节

这里提到了新约基督徒的五个特点：

首先，他们已经"蒙了光照"。

第二，他们已经"尝过天恩的滋味"——我相信是耶稣所恩赐的永生。

第三，他们都"于圣灵有份"，或都成了圣灵的分担者。

第四，他们都"尝过神善道的滋味"——也就是，神的道已经在他们心里成为活的道了。

第五，他们都是"觉悟来世权能的人"。

作为基督徒，我们都相信耶稣再来时我们会变得完全不同。我们不再受限于肉体，因为神会赐给我们新的身体和完全不同的生活方式。但是，很多基督徒还没有意识到这一点，藉着圣灵，我们可以在今生体验一点点这种生活方式。我们可

以体验一下"**来世的权能**"。我们只能尝到一点，无法完全体验；但在今生，信徒仍可以知道一些有关来世的生活。

保罗为此用了非常有趣的一段话，他在以弗所书 1 章 13-14 节写道：

> **你们既听见真理的道，就是那叫你们得救的福音，也信了基督，既然信他，就受了所应许的圣灵为印记。这圣灵是我们得基业的凭据，直等到神之民被赎，使他的荣耀得着称赞。**

"**凭据**"是一个很奇妙的词。圣灵是神给我们的凭据，现在给我们，是为了来世。我对这里所使用的这个词做了研究，在希腊语中，这个词 arrhabon，其实是个希伯来词。

多年前，大概在 1946 年，我住在耶路撒冷的时候有一段非常有趣的经历，这经历正好可以说明 arrhabon 或"凭据"这个词的意思。我和我的第一任妻子到旧城去给我们的新家买做帘子的材料，我们看中了一块料子，要价大概每码 1 美元，然后我告诉那个商人，我们大概需要 50 码。"这个款式就是我想要的。"然后，他告诉我们，价格是 50 美元。"是这样的"，我说，"我现在身上没有 50 美元。我先给你 10 美元，这是我的预付款，这块料子是我的了，你先把它放在一边，不许再卖给别人。我一会儿会回来把剩下的钱给你，然后你把这块布给我。"这就是 arrhabon 这个词的意思。

圣灵就是神给我们的凭据，祂借着现在赐给我们的圣灵，给了我们来世的凭据。得到这个凭据之后，我们就像那块布一样，被放在一边，不能卖给任何人。这就是一个保证，耶稣会带着剩下的余款再来。这就是为什么保罗之所以说得到基业的凭据 "直等到神之民被赎，使他的荣耀得着称赞"。我们已经属于耶稣了，但是我们现在只得到凭据——全款还没付清。

圣灵就像神为我们来世所给的预付款，这种超自然的生命会扩展到我们经历的各个方面。

我想引用我在另一本书《圣灵充满基督徒手册》，第二部标题 "五旬节的目的" 里，有段话强调了这一点：

> 如果我们以敞开的心来研究《新约》，我们会看到早期基督徒的生命和经历都是被超自然所弥漫的。超自然经历不是什么次要的，或额外的；在他们作为基督徒的整个生命中，这些都是必要的部分。基督徒的祷告是超自然的；他们的讲道是超自然的；他们有着圣灵超自然的引导、能力、权柄、带领和保护。

如果你把那些超自然的事情从使徒行传中除去，那就没有什么意义或连贯性了。从使徒行传

第2章，圣灵降临之后，你不可能在使徒行传中找到一处没有记载那些超自然事情的，"超自然"这个主题贯穿了整个使徒行传。

使徒行传19章11节对保罗在以弗所传道的记载当中，我们看到一些非常可观、令人深思的描述：

神藉保罗的手行了些非常的奇事。

我们来想一下"**非常的奇事**"这句话的意思。用希腊语可以翻译成"那种不是每天都能看到的奇迹。"在早期教会，每天都可以看到神迹，通常不会导致特别惊讶或评论，但这里保罗在以弗所行的神迹是这样的与众不同，以至于早期教会觉得它们值得专门被记载下来。

在现今的教会，我们有多少机会可以说"那种不是每天都能看到的奇迹"这句话呢？现在，又有几个教会曾发生神迹呢？更别说每天发生了！

早期基督徒的生命中特别彰显的超自然事件，其中一个方面就是他们从圣灵所得到的超自然引领。在使徒行传16章，我们读到了保罗和他的同伴们的第二次宣教之旅。他们当时在我们今天称作小亚细亚的地方，经文这样记载：

圣灵既然禁止他们在亚细亚讲道，他们就经过弗吕家，加拉太一带地方。到了每西亚的

边界，他们想要往庇推尼去，耶稣的灵却不许。

当时他们想往西走，但是圣灵不许。然后他们又想往东北走，圣灵又说："不。"使徒行传16 章 8-10 节继续说道：

他们就越过每西亚，下到特罗亚去。在夜间有异象现于保罗。有一个马其顿人站着求他说："请你们过到马其顿来帮助我们。"保罗既看见这异象，我们随即想要往马其顿去，以为神召我们传福音给那里的人听。

这是一个具有重要意义的事件，是给我们树立的圣灵超自然干预和掌管的例子。依当时的地理情况，对他们来说，很自然要么往西进入亚西亚，要么往东北去到庇推尼。穿过这两个地区，往西北走，然后穿过去到欧洲大陆，这是个反常的举动。

如果我们回头看教会后来的历史，会发现欧洲大陆起到了很独特的作用。首先，在黑暗的时期存留了福音；其次，成了很多年向其他国家传递神话语的主要大陆。神有一个至高的计划，它预先考虑到很多世纪以后的事。保罗和他的同伴们靠着自然推理无法发现这个计划，但藉着圣灵的超自然引导，他们就能行在神全部的计划当中。所有历史在其进程中都被圣灵的超自然引导所影响。

这是圣灵超自然干预早期基督徒生活的其中一个例子。

七、祷告中的帮助

圣灵帮助我们的第三个至关重要的方式，是在我们祷告中的帮助。在罗马书 8 章 14 节，保罗描述我们基督徒生活中需要圣灵的引导：

因为凡被神的灵引导的都是神的儿子。

要成为基督徒，你必须从神的灵重生。但若要想活得像一个基督徒，重生后变得成熟，你必须持续地被神的灵引导。保罗在这节经文使用的动词形式是现在进行式："**因为凡被神的（持续地）灵引导的都是神的儿子。**"他们不再是幼稚的孩子了，而是神成熟的儿女。

接着，保罗在罗马书中又将这个被圣灵引导的原则特别应用在我们的祷告生活中。他强调了圣灵引导对正确祷告的重要性。

况且，我们的软弱有圣灵帮助；我们本不晓得当怎样祷告，只是圣灵亲自用说不出来的叹息替我们祷告。鉴察人心的，晓得圣灵的意思，因为圣灵照着神的旨意替圣徒祈求。

罗马书 8 章 26-27 节

保罗说我们都有软弱。不是身体上的软弱，而是心志和思想上的软弱——由于缺乏属灵知识，我们本不晓得当怎样祷告，为什么事情祷告。

我经常向会众发出挑战，倘若他们常常晓得该如何祷告，请他们把手举起来，但从来没有一次有人敢举手。我想我们都十分诚实地默认，当我们要祷告时，经常不晓得该为什么事祷告。有时，即使我们晓得要祷告些什么事，却又不晓得应该怎么去祷告。保罗将这个称为"**我们的软弱**"，但是他告诉我们，神已经赐下圣灵来帮助我们的软弱，告诉我们应当怎样祷告、祷告些什么。在一定程度上，保罗是指圣灵透过我们和藉着我们来祷告。

祷告有效果的关键是要学习如何建立与圣灵的关系，使我们能完全顺服祂。然后，我们就可以让祂引导、带领、感动、坚固我们，甚至使圣灵多次多方地藉着我们祷告。

《新约圣经》启示了很多圣灵帮助我们的方式，现在我就扼要说明几种。

第一种方法写在罗马书 8 章 26-27 节，保罗说："**只是圣灵亲自用说不出来的叹息替我们祷告。**"我称之为"代求"，这是圣灵对基督徒生活的重点工作之一；然后，保罗又谈到"说不出来的叹息"。我们的情感和有限的意识，无法说出我们需要祷告的话，所以圣灵帮助我们的一种办法就是用说不出来的叹息藉着我们祷告。

这是一个很神圣的经历，属灵生产的痛带来属灵的重生。以赛亚书 66 章 8 节说：

> **因为锡安一劬劳，便生下儿女。**

教会中如果没有祷告的辛苦，就不可能有真正属灵的生产，因为锡安是在分娩的痛苦后，才产下儿女的。

保罗也在加拉太书 4 章 19 节证实了这一点：

> **我小子啊，我为你们再受生产之苦，直等到基督成形在你们心里。**

保罗曾向加拉太人传福音，他们也接受了这福音。但是，保罗知道要让他们真正活出基督的样式，不单是藉着传道，还需要加上代祷。保罗把这种代祷比作 "生产之苦"，或者 "说不出来的叹息"。

圣灵帮助我们祷告的第二个方法就是 "袖鉴察我们的心思"。圣灵在祷告中光照我们。袖光照我们的思想，让我们晓得应当怎样祷告，为什么事祷告。保罗书信中论到了圣灵在这方面的工作。罗马书 12 章 2 节写到：

> **不要效法这个世界，只要心意更新而变化，叫你们查验何为神善良，纯全，可喜悦的旨意。**

只有当心意更新了，我们才能明白神的旨意，在祷告中也是如此。以弗所书 4 章 23 节说：

> **又要将你们的心志改换一新。**

　　更新我们的心意是圣灵作成的工。圣灵进入我们的心思，更新我们之后，我们开始明白神的旨意，也开始晓得怎样在神的旨意中祷告。这就是圣灵帮助我们的第二种方法，祂是藉着更新我们的心意，光照并启示我们应当怎样祷告。

　　圣灵帮助我们的第三种方式就是，**祂将该说的话放到我们心意中**，经常是出乎意料的。每次说到这里，我就想起我和我第一任妻子的一件事。一年，我们10月底在她的老家丹麦。隔月我们就要离开丹麦到英国待一个月。我是英国人，我知道英国11月是寒冷、阴暗、雾蒙蒙的天气。在我们即将离开丹麦那天晚上，我和我的妻子坐在床上祷告时，我听见我的妻子说"我们在英国的所有时间里，求主给我们好的天气！"当我听到她这么说，差点没从床上掉下去。

　　之后，我问她是否还记得祷告了什么？她回答我说："不，我不记得了！"我确信她那句话就是从圣灵来的。

　　我说："你向神祷告，求神赐给我们在英国的时候有好天气，你也知道英国的11月份是什么样子。"她只是耸了耸肩。我们在英国待了一个月，没有一天是寒冷、糟糕、潮湿的天气！就像春天一样。

　　当我们11月底离开英国的时候，我对那些到机场送我的人说："小心了，我们离开后天气马上就要变了！"这也确实发生了！当时是圣灵让我的妻子为天气祷告，是神把话放到了她的口中。

圣灵帮助我们祷告的第四个方式在《新约》中提到多次，他赐给我们新的，未知的语言，这是我们人的头脑所不知道的。今天，有些人把这当作祷告所用的语言。保罗在哥林多前书14章2节说道：

那说方言的，原不是对人说，乃是对神说，因为没有人听出来。然而，他在心里却是讲说各样的奥秘。

然后在第4节，保罗说：

说方言的，是造就自己。

这种祷告有三个基本的功能：

首先，当我们用我们不知道的语言祷告的时候，我们不是对人说话，而是对神。对于我来说，其本身就是一个极大的殊荣。

其次，我们在说一些我们的头脑无法理解的事。我们在说奥秘的事和分享神的秘密。

第三，当我们这么做的时候，我们是在造就自己，或者建造自己。

之后，在哥林多前书14章14节，保罗说：

我若用方言祷告，是我的灵祷告，但我的悟性没有果效。

这时候圣灵并没有启发我们的思想，祂只是赐给了我们一种新的语言，并通过这种语言祷告。我们一定不要把这种形式用在每次的祷告上。保罗清楚地说，**"我要用灵祷告，也要用悟性祷告。"** (15 节) 两种祷告都很重要。

当我们让圣灵进来，顺服祂，并且让祂根据《圣经》在我们心里动工的时候，我们就有极其丰盛、多姿多彩的祷告生活，这就是神对我们每一个人的要求。

八、我们身体的生命与健康

圣灵作为帮助者的其中之一个果效，就是祂给我们身体的超自然生命和健康。耶稣来是为了赐给我们生命，正如祂在约翰福音 10 章 10 节所说的：

盗贼来，无非要偷窃，杀害，毁坏；我来了，是要叫羊得生命，并且得的更丰盛。

这节经文中论到两种人，我们必须十分谨慎分辨：一个是生命的给予者，耶稣；另一个是夺取生命的，撒旦。撒旦只想窃取我们的生命，祂来是要偷取神的祝福和供应；祂来是要杀害我们的肉身，并且永远毁坏我们。我们每个人都当警惕，若容许魔鬼在我们的生活中占有一席之地，祂就会做偷窃、杀害和毁坏的事。

耶稣所要做的，却与此相反："祂来，是要让我们得生命，并且得的更丰盛。"我们应当留意一件重要的事：耶稣所赐给我们的这生命，是由圣灵掌管的。只有让圣灵在我们心里动工，我们才能拥有耶稣赐给我们的生命。如果我们抵挡或拒绝圣灵的工作，我们就无法享受耶稣要赐给我们的丰盛生命。我们需要明白，是圣灵使耶稣从已死的身体里复活。保罗在罗马书 1 章 4 节中谈到耶稣时说：

按圣善的灵说，因从死里复活，以大能显明是神的儿子。

"**圣善的灵**"是希腊文，翻译自希伯来文的圣灵一词。保罗虽然是用希腊文写罗马书，但他是用希伯来语思考的。所以，当保罗说"**圣善的灵**"的时候，就像是在说，"藉着圣灵，因着使耶稣从死里复活的大能（就是，圣灵的能力），耶稣被显明或宣布是神的儿子。"

我要指出，前几段所说的，在某种程度上是神对这个世代、救赎过程中的一个顶点：神以圣灵的位格住在我们的肉身中，以我们的肉身为祂的殿或居所。在罗马书 8 章 10-11 节，保罗这样说：

基督若在你们心里，身体就因罪而死，心灵却因义而活。然而，叫耶稣从死里复活者的灵若住在你们心里，那叫基督耶稣从死里复活的，也必藉着住在你们心里的圣灵，使你们必死的身体又活过来。

第 10 节的意思是，当基督进入我们的心，我们就悔改并重生了，我们旧的生命结束了，新的生命刚开始。那个旧的、属肉体的生命终止了，我们的灵藉着神的生命活了。保罗在 11 节解释，怎样才叫做是住在我们的肉身呢？那叫耶稣的身体从坟墓中复活的圣灵，现在以同一位格、同样的能力住在每一位顺服神之信徒的肉身中。祂要使信徒们会朽坏的身体，有耶稣同样的生命。

赐给我们身体有神的生命这个过程是不会停止的，直到我们从死里复活。虽然我们现在还没有复活的身体，但是我们肉体里面的确拥有复活的生命。保罗在几处经文中进一步解释说，在这会朽坏的身体中，复活的生命能够看顾我们肉身的需要，直到神将我们的心灵与肉体分开，召我们回天家的时候。

我们必须明白，当初我们的肉身是怎样形成的，因为这是有关联的。创世记 2 章 7 节说：

耶和华神用地上的尘土造人，将生气吹在他鼻孔里，他就成了有灵的活人。

是什么让我们变成活人呢？那是神的气（或者灵），使尘土变成了有灵的活人。拥有一切不可思议、奇妙的身体构造。圣灵是最先使我们的肉体有生命的。按照逻辑说，祂支撑着我们的生命。但只有基督徒，才看得出这是合乎逻辑的。按照《圣经》，属神的医治和健康是合乎逻辑的。

举个例子，你的表坏了，你不会把表拿到书店去；你会把它拿到修表的地方去。那么，以同样方式推理：你的身体出了毛病，你请谁给你诊断呢？当然是那造你的神（圣灵）。

在美国，我们都熟悉"Body by Fisher"（直译"渔夫的身体"）的这句话，很多最常见的车在底盘或车体上都有这句话。当我看到身边的基督徒时，我就会说"圣灵的身体"（Body by Holy Spirit）。是圣灵赐给他身体，也维持他的身体，并且使他身体有能力。

保罗的见证让人印象深刻，哥林多后书 11 章 23-25 节说：

> 他们是基督的仆人吗？我更是。我比他们多受劳苦，多下监牢，受鞭打是最重的，冒死是屡次有的。被犹太人鞭打五次，每次四十减去一下；被棍打了三次；被石头打了一次；遇着船坏三次，一昼一夜在深海里。

保罗经历了这么多痛苦，却依然如此活跃、健康和勇敢，这是多么不可思议啊！是什么力量在支撑着保罗呢？是圣灵的大能。这段经文描述了保罗在以哥念被石头打的场景：

> 但有些犹太人从安提阿和以哥念来，挑唆众人，就用石头打保罗，以为他是死了，便拖到城外。门徒正围着他，他就起来，走进城去。第二天，同巴拿巴往特庇去。
>
> **使徒行传 14 章 19-20 节**

多么坚强的人啊！我听到有些人说保罗是个病弱的人，他大部分时间都有病。对此，我的看法是："如果保罗是病弱的人，让神给我们更多像保罗那样的病人吧！"

我们已经看到了使徒保罗惊人的耐力和毅力。现在，我们再来看看他的秘诀在哪里？在哥林多后书 4 章 7-12 节，保罗说：

> 我们有这宝贝放在瓦器里，要显明这莫大的能力，是出于神，不是出于我们。我们四面受敌，却不被困住；心里作难，却不至失望；遭逼迫，却不被丢弃；打倒了，却不至死亡。身上常带着耶稣的死，使耶稣的生也显明在我们身上。因为我们这活着的人，是常为耶稣被交与死地，使耶稣的生，在我们这必死的身上显明出来。这样看来，死是在我们身上发生的，生却在你们身上发动。

第 7 和第 8 节告诉我们，不是我们本身有什么与众不同的地方，而是这与众不同的能力在我们里面。我们虽四面受敌，却不被困住，因为我们有这在我们里面的能力，使我们有耐力和毅力。

我们在第 10 节看到了一个奇妙的对比。我们是与耶稣同死，因此祂的生也显明在我们身上。这是很清楚的，也就是说不是在来世，而是在今世，耶稣那超自然复活的生命在圣灵里要显明在我们身上。

11 节最后一句话非常重要："**使耶稣的生，在我们这必死的身上显明出来。**"圣灵内住不是一个没人能看见的秘密。圣灵在我们身体里动工，所有人都能看见。耶稣复活的生命在我们这必死的身上显明出来。

12 节告诉我们，当死在我们身上发动，我们面临体力与能力的尽头时，另一种新的生命藉着我们对别人作工。

所以，我们不丧胆。外体虽然毁坏，内心却一天新似一天。

哥林多后书 4 章 16 节

我们的肉体虽然毁坏了，但是有一生命在我们里面，这新生命会一天新似一天。神赐给我们里面这奇妙超自然的生命照顾了我们外在身体的需要。

九、神倾倒的爱

圣灵给我们最美好的祝福，就是神的爱。罗马书 5 章 1-5 节说：

我们既因信称义，就藉着我们的主耶稣基督得与神相和。我们又藉着他因信得进入现在所站的这恩典中，并且欢欢喜喜盼望神的荣耀。不但如此，就是在患难中也是欢欢喜喜的；因为知道患难生忍耐，忍耐生老练，老练生盼望；盼望不至于羞耻，因为所赐给我们的圣灵将神的爱浇灌在我们心里。

在第 5 节达到了高潮："盼望不至于羞耻，因为所赐给我们的圣灵将神的爱浇灌在我们心里。"

保罗用这 5 节经文列出了属灵成长的过程，我们简要地看一遍。

第一阶段是"我们与耶稣基督相和"。

第二，我们又藉信得进入神的恩典中。

第三，我们欢欢喜喜盼望神的荣耀，盼望未来的东西。

第四，我们在患难中也是欢欢喜喜的（因为当我们正确地接受时，患难在我们里面生发果效）。

之后，保罗列出三种正确忍受患难的结果：第一、有了忍耐；第二、变得老练；第三、心生了盼望。

下面，我们到了这段经文的重点部分：圣灵将神的爱浇灌在我们心里。这里，表达"爱"的词是希腊语里的 agape，在《新约》通常是专指神的爱。agape 这种爱不是人能做到的，除非藉着圣灵。大多数情况下，我们属肉体的人无法生出 agape 的爱。

接着，在第 5 章，保罗对 agape 作出了定义。他解释了如何在神和基督里显明这爱：

> **因我们还软弱的时候，基督就按所定的日期为罪人死。为义人死，是少有的；为仁人死，或者有敢做的。惟有基督在我们还做罪人的时候为我们死，神的爱就在此向我们显明了。**
>
> **罗马书 5 章 6-8 节**

保罗说，当基督为我们死的时候，有三个描述我们的字眼：软弱的、不敬虔的、有罪的。agape 这种爱是舍己和没有任何附加条件的，并不是那种你必须是好人，或做这个或做那个的那种爱。它是白白给予的，甚至给那些最不配、最绝望和最没有价值的人。

我们现在要来看看，在《新约》中 agape 的爱在我们心里生出果子的几处经文。首先，是新生的果子；彼得前书 1 章 22-23 节说：

> 你们既因信顺从真理，洁净了自己的心，以致爱弟兄没有虚假，就当从心里彼此切实相爱。你们蒙了重生，不是由于能坏的种子，乃是由于不能坏的种子，是藉着神活泼长存的道。

我们重生时才可能拥有 agape 的爱，这重生是来自永远、不朽坏的种子，藉着神活泼常存的道。神的爱使我们有一个全新的生命，这生命的本性就是爱。Agape 的爱是这新生命的属性，约翰一书 4 章 7-8 节说：

> 亲爱的弟兄啊，我们应当彼此相爱，因为爱是从神来的。凡有爱心的，都是由神而生，并且认识神。没有爱心的，就不认识神，因为神就是爱。

你可以看到，这种爱是我们重生后的标志。重生的人有这种爱；没有重生的人无法有这种爱。

保罗讲述了神将爱给予我们这个过程的下一个阶段：

> 盼望不至于羞耻，因为所赐给我们的圣灵将神的爱浇灌在我们心里。
>
> **罗马书 5 章 5 节**

重生之后，圣灵将神完全的爱浇灌在我们心里和我们已有的新生命中。我们就沉浸在这爱中。我们接触到源源不绝的供应——圣灵已经将神完全的爱浇灌在我们的心里。我要强调一点，这爱是属天的、毫无穷尽的，并且是超自然，只有圣灵能够达到。

比较耶稣在约翰福音 7 章 37-39 节所说的：

节期的末日，就是最大之日，耶稣站着高声说："人若渴了，可以到我这里来喝。信我的人就如经上所说："从他腹中要流出活水的江河来。"耶稣这话是指着信他之人要受圣灵说的。那时还没有赐下圣灵来，因为耶稣尚未得着荣耀。

你可以看到其中的对比。首先，一个口渴的人无法够满足自己。但当圣灵来时，这个口渴的人反倒成了活水的江河。那是神的爱浇灌在我们心里。这不是人的爱；也不是神一部分的爱，而是神全部的爱。我们沉浸在神完整、不止息和无限的爱中，因神的爱藉着我们的生命流淌出来。一个口渴的人，成了活水的江河。

我们要看一看哥林多前书保罗所写著名的爱篇。在第 12 章的结尾，保罗说；"**我现今把最妙的道指示你们。**" 那个"**最妙的道**"就拉开了 13 章的序幕：

> 我若能说万人的方言，并天使的话语，却没有爱，我就成了鸣的锣，响的钹一般。我若有先知讲道之能，也明白各样的奥秘，各样的知识，而且有全备的信，叫我能够移山，却没有爱，我就算不得什么。我若将所有的周济穷人，又舍己身叫人焚烧，却没有爱，仍然与我无益。

哥林多前书 13 章 1-3 节

重要的是，所有圣灵的恩赐和彰显，都是要成为神爱的管道和工具。如果我们不使用那些恩赐，让它们为神的爱所用的话，我们就不明白神的计划。

第 1 节保罗说："**我若能说万人的方言，并天使的话语，却没有爱，我就成了鸣的锣，响的钹一般。**"当圣灵进到我们里面时，祂进入了一颗凭着信被洁净并转向神的心。后来，这颗心有可能会枯竭、错过神的计划，或滥用神的恩赐。这就像保罗说的，"**就成了鸣的锣，响的钹一般。**"

比较保罗在提摩太前书 1 章 5-6 节所说的：

> 但命令的总归就是爱；这爱是从清洁的心和无亏的良心，无伪的信心生出来的。有人偏离这些，反去讲虚浮的话。

基督徒事奉的目标就是爱，神对所有基督徒的心意是要他们不断向世人显明祂的爱。

总结神给我们爱这个过程的三个阶段：

第一个阶段是重生，当我们重生的时候，我们就有了 agape 的爱的能力。

第二是神全部的爱借着赐给我们的圣灵浇灌在我们心里，神取之不尽的资源对我们敞开了。

第三，这种爱在我们每天的生活当中借着自律和品格操练生发出来，这时候我们就可以把从神而来的爱传递给周围的人。

当我第一次看见尼亚加拉大瀑布的时候，我想到神浇灌给我们的爱，然后我想到我自己："虽然有瀑布倾倒下来但并没有实现真正的目标，透过管道把水力输送用来发光、发热，供给北美大陆很多主要城市用电时，才真正达到它的目的。"

对我们来说也一样。我们重生时接受了神的爱；这爱藉着圣灵浇灌在我们里面；而只有当我们通过生命中的训练和操练成为管道时，我们周围的人才能得到这爱。

十、如何对圣灵敞开

我们如何对圣灵敞开，接受祂的丰富，并通过祂得到所有应许的祝福呢？我们要来看一些经文，这些经文说明了我们要接受圣灵充满所需要的条件。神的确要求我们要满足一些必要条件。

1. 悔改，受洗

使徒行传 2 章 37-38 节是彼得五旬节讲道结尾的内容，描述了人们对彼得所讲信息的反应：

> 众人听见了这话，觉得扎心，就对彼得和其余的使徒说："弟兄们，我们当怎样行？"彼得说："你们各人要悔改，奉耶稣基督的名受洗，叫你们的罪得赦，就必领受所赐的圣灵。"

我们看到了这个应许：**就必领受所赐的圣灵。**这几节经文清楚说明了两个条件："**悔改和受洗**"，悔改的意思是真诚转离所有罪孽和悖逆，将自己毫无保留地顺服于神和祂的要求。受洗是经过仪式或圣礼，代表我们每个人都亲自、以看得见的方式向世人承认耶稣的死、埋葬和复活。所以，如果想接受圣灵的恩赐，有两个首要的基本要求：我们必须悔改，而且我们必须受洗。

2. 向神求

在路加福音 11 章 9-13 节，耶稣说：

> "我又告诉你们，你们祈求，就给你们；寻找，就寻见；叩门，就给你们开门。因为，凡祈求的，就得着；寻找的，就寻见；叩门的，就给他开门。你们中间作父亲的，谁有儿子求饼，反给他石头呢？求鱼，反拿蛇给他呢？求鸡蛋，反给他蝎子呢？你们虽然不好，尚且知道拿好东西给儿女；何况天父，岂不更将圣灵给求他的人吗？"

这是既简单又十分重要的一个条件。耶稣说，如果我们向父求圣灵，父一定会赐给我们。我曾听见基督徒说："我不需要求圣灵。"我必须告诉你，这是不符合《圣经》的。耶稣跟祂的门徒说："如果你们求，你们的父就会赐给你。"耶稣又说，祂要到父那里去，求父将圣灵赐给祂的门徒。我的感觉是，如果耶稣都得求父，我们岂不更应当向神求。故此，第三个条件是祈求。

3. 渴慕

在约翰福音 7 章 37-39 节说明了另外三个简单又实际的条件：

> 节期的末日，就是最大之日，耶稣站着高声说："人若渴了，可以到我这里来喝。信我

的人就如经上所说："从他腹中要流出活水的江河来。"耶稣这话是指着信他之人要受圣灵说的。那时还没有赐下圣灵来，因为耶稣尚未得着荣耀。

这本福音书的作者在这里讲得非常清楚，耶稣当时在和门徒讲关于接受圣灵的事。记住耶稣所说的："人若渴了，可以到我这里来喝。"这是三个简单又实际的要求。

首先，我们必须渴慕。神不会强迫那些认为自己没有需要的人领受。许多人不曾完全地领受圣灵，他们实际上并不感到渴。倘若你认为自己已经拥有一切所需要的，神并不会强迫你领受。其实，你很可能并没有完全善用你所拥有的。若是神给你更多，只会让你受到的责备更大。

口渴是必要的条件，意思是指你所需要的比你所拥有的还多。事实上，口渴而想喝水是我们身体强烈的欲望之一，若一个人真正口渴，他就不会讨价还价了，也没闲功夫和你说话或者讨论；他只知道去找水喝。这就是耶稣所说的"你必须口渴"的意思。

4. 来到耶稣面前

当你感觉口渴了，耶稣说："到我这里来。"所以，第二个条件是来到耶稣面前。耶稣是"用圣灵施洗的人"。倘若你要受圣灵的洗，你就要去找那位用圣灵施洗的人。除了耶稣，没有人能用圣灵施洗。

5. 你要喝

耶稣说你们必须要喝，这是一个很简单的道理，却有好多人不在意。喝是出于自愿、以行动回应，接受到你心里面去。这是接受圣灵的条件之一。你口渴，就要到耶稣这里来喝。但你只是完全被动地说"如果神想这样，就让祂这么做吧！"这不是真正想"喝"的样子。"喝"是积极地接受圣灵到你里面去。

6. 降服

我们再举两个之前讲过的事实，与我们肉身有关。首先，我们的身体是神圣灵的殿。哥林多前书6章19节说：

> 岂不知你们的身子就是圣灵的殿吗？这圣灵是从神而来，住在你们里头的；并且你们不是自己的人，

其次，我们需要将我们身体的每一个部分当作器皿献上，以顺服和服事神。这是我们的责任，罗马书6章13节说：

**也不要将你们的肢体献给罪作不义的器具；
倒要像从死里复活的人，将自己献给神，并
将肢体作义的器具献给神。**

从经文中可以直接看出，我们有责任将自己
的身体献上降服与神，是要将各个部分都献给神
来服事祂。有一个部分特别需要神来掌管：舌头。
雅各在他的书信中简明扼要地说：

唯独舌头没有人能制伏。

雅各书 3 章 8 节

求神来帮助我们控制身体的每一个肢体，尤
其我们的舌头。当圣灵完全掌管我们的生命时，
祂首先制服我们的舌头。舌头能够为神所用，
而成为神的荣耀。《新约圣经》中论到圣灵充满
的人，最常见的结果是从他口中立刻发出一种
语言。他们或说话、或发预言、或赞美、或唱诗、
或说方言，虽然各有不同，但相同的是，都是从
他们的口中出来。当你来到耶稣面前"喝"的
时候，最终的结果是满溢，而这个结果，最常
见的是从你的口中出来的。耶稣在马太福音 12
章 34 节非常清楚地论到这个原则：

因为心里所充满的，口里就说出来。

当你心里被充满将要满溢的时候，就从你口
中以言语的方式流出来。神要给你的不仅是够用
而已，还要满出来。记住，耶稣说："从他腹中

要流出活水的江河来。"（约翰福音 7:38）这是神的最终目的。

7. 总结神对我们的要求

下面是我从《圣经》中找出要得到圣灵充满的七个条件：

1. 悔改

2. 受洗

3. 向神求

4. 渴慕

5. 来到耶稣面前；祂是施洗者

6. 喝——自己心里接受

7. 让你的身体献上，做圣灵的殿，将肢体献上做义的器皿。

也许你在想，我要怎么样才能做到这些。我希望能用下列的祷告文帮助你，若这也是你的祷告，你就对神大声说出来：

主耶稣，我渴慕祢圣灵的充满。
我献上我的身体作祢的殿，
献上我的肢体作义的器具，
特别是我的舌头，这个我不能驯服的部分。

求祢充满我，
我祷告，

求祢圣灵通过我的嘴流出赞美和敬拜的江河。

阿门！

如果你真心地作了这个祷告，那么神已经垂听也回应了，你将会对所发生的事和神要给你的充满感到十分惊喜。

如何在智能手机上安装应用程序(App)

可复制网址到智能手机的浏览器，或使用二维码安装适用于您智能手机的应用程序（App）

iPhone/iPad手机下载网址:

https://itunes.apple.com/sg/app/
ye-guang-ming-ye-guang-ming/
id1028210558?mt=8

若干安卓手机下载地址如下，供您选择:

https://play.google.com/store/
apps/details?id=com.subsplash.
thechurchapp.s_3HRM7X&hl

叶光明事工微信公众平台:

DPM11

www.ingramcontent.com/pod-product-compliance
Lightning Source LLC
Chambersburg PA
CBHW071852020426
42331CB00007B/1968